Le Roi des Trois Orients

Direction éditoriale et artistique : Alain Serres
Maquette : V.D. + K.O.
ISBN 978-2-211-21029-4

Édition spéciale non commercialisée en librairie

Le Roi des Trois Orients

Texte et images
de François Place

Un jour, des cavaliers
traversent un village.
Ils montent des chevaux nerveux.
Ils portent de beaux vêtements
et parlent d'une voix sonore.
Ils réclament du fourrage,
de l'eau, de la viande et du pain.

Ces cavaliers précèdent un long cortège d'hommes, de montures et de chariots, qui passent dans le grondement de leurs hautes roues. Des ânes et des mulets, chargés pour faire longue route, des porteurs de bannière, des équipages de toutes sortes et, d'un groupe à l'autre, des exclamations et des éclats de voix. C'est comme si une ville se mettait en chemin, un jour de grand marché, et s'écoulait soudain à travers la campagne. Au bruit de son passage, les paysans et les vignerons cessent leur travail à des lieues à la ronde.

Parmi les voyageurs, quelques personnages de haut rang, richement vêtus, portant longue barbe et chevauchant d'un air grave, semblent des princes en pèlerinage. Ils parlent entre eux des langues différentes et sont visiblement habitués à partager la table des rois.

Le défilé n'est pas même interrompu par la tombée de la nuit. Au chant du coq, dans le village encore tout étourdi, quand la poussière soulevée par cette multitude est enfin retombée, on s'interpelle d'une porte à l'autre :

– D'où vient cette caravane ? Où va-t-elle ?

C'est la Grande Ambassade. Elle marche depuis des mois, peut-être depuis des années. Elle marche sans arrêt, de saison en saison, de pays en pays. Des arpenteurs mesurent les distances parcourues, des horlogers comptent les heures écoulées aux sabliers, mais la Grande Ambassade avance, sans jamais se retourner, et c'est toujours au devant qu'elle envoie ses messagers.

Les éclaireurs et les guides ont un œil dans le ciel et une main sur la carte. Ils ont beau remplir les coffres d'itinéraires soigneusement tracés, ils suivent tout aussi bien les pas d'un vagabond, les arabesques d'un vol d'étourneaux… La Grande Ambassade est ainsi : elle préfère les divagations du chemin aux lois de la ligne droite.

Trois pas dans le sable suffisent à la dérouter.

La Grande Ambassade va rendre hommage au Grand Roi, le Roi des Trois Orients, qui règne tout là-bas, à l'autre bout du monde. Sa richesse, sa gloire et son renom planent sur les contrées les plus inaccessibles. Mais il faut faire tant de détours pour parvenir aux frontières de son lointain royaume que nul ne sait quand on pourra en franchir les portes.
Régulièrement, des émissaires partent à sa recherche et disparaissent derrière l'horizon. Quand ils reviennent, ils ont les cheveux blanchis et le visage brûlé par le soleil. Ils posent un genou à terre et sortent de leurs manteaux des messages chiffonnés.

La Grande Ambassade s'arrête. Elle reprend souffle.
Les Ambassadeurs lissent pensivement leur longue barbe. Ils font venir les interprètes, maîtres en langues inconnues, et les calligraphes, experts en écritures secrètes, qui peinent à s'accorder sur ces mots venus d'ailleurs.
Ils se disputent, lèvent les bras, froncent les sourcils : « Le Grand Roi s'impatiente », disent les uns. « Il ne faut peut-être pas arriver trop tôt », répondent les autres. On monte les tentes, on déroule les tapis.
On s'endormira, à la belle étoile, en écoutant la voix grave des conteurs, dans le souffle tiède des montures apaisées.

Les Ambassadeurs discutent de la nouvelle route à suivre.
C'est une décision difficile, qui peut prendre, selon leur humeur, trois jours ou peut-être trois mois.
Les chasseurs en profitent pour courir le gibier. Leurs flèches sont rapides, leurs couteaux aiguisés. Ils ont des chiens et des faucons, des léopards bien dressés, qui s'élancent dans les sous-bois.
Les intendants ont réparti le grain et la farine. La chaude odeur des galettes posées sur la braise se répand sur le camp.

Dans la plus belle des tentes, une jolie servante apporte le thé à sa jeune maîtresse, fille de sang royal. Son père veut lui faire épouser le Roi des Trois Orients pour sceller une alliance avec ce grand souverain.
Peut-être est-il déjà marié ? Cela n'a pas d'importance, pense-t-il, elle épousera son fils, ou un prince de sa cour. Chaque jour, chaque pas éloigne la princesse de son enfance insouciante. Le thé, dans sa tasse, a un goût bien amer.
Dans la tente d'un palefrenier, une petite fille vient de naître. Ses sœurs vont lui cueillir des fleurs. Ce soir, on plantera un arbre, pour que, plus tard, le feuillage chante son nom dans le murmure du vent.

Attirés par tout ce monde, des marchands s'approchent. Ils viennent vendre, acheter, boire et jouer aux dés. Autour de la Grande Ambassade s'installe un marché de toiles et de tentes. On mène grand bruit et on traite des affaires du matin jusqu'au soir. On y change toutes sortes de monnaies, de cuivre, d'or ou de sel, on se chicane sur les poids et les mesures, et, pour conclure, on se tape dans la main.

La Grande Ambassade prend ici ce qu'elle redonnera ailleurs.
Elle va de province en province, de pays en pays. Un jour, vorace comme le criquet, elle ruine une région tout entière, un autre, prodigue comme l'abeille, elle enrichit les hôtes qui la reçoivent.
Longtemps après son passage, elle laissera derrière elle une longue traîne de reliefs minuscules : petites monnaies de cuivre, boutons de tunique, bris de porcelaine, torons de soie, charbon de bois.

Les Ambassadeurs donnent à nouveau le signal du départ.
Les guides se sont concertés sur la route à suivre. L'aube va tout juste poindre, et la plainte d'une trompe résonne au-dessus du camp ensommeillé.
Les animaux s'ébrouent. On refait les bagages.
Quelques marchands fraîchement arrivés décident de faire route ensemble.
Il y a aussi, venu avec eux, un drôle de musicien, joueur de luth, aussi grave que joyeux, amateur de bon vin, épris de liberté, curieux de paysages.

Ces nouveaux voyageurs parlent des langues inconnues. Ils ont souvent d'étranges habitudes. Mais la troupe est si nombreuse qu'on les remarque à peine au milieu de la multitude. Ainsi va la Grande Ambassade, rivière grossie de nombreux affluents. On peut la suivre, la perdre ou la quitter. Elle ondule dans les plaines, serpente de colline en colline, zigzague à l'approche des montagnes. Ici, elle va passer un col qu'une terrible tempête, chargée de coups de tonnerre, a enneigé jusqu'au sommet.

Des bêtes affolées ont perdu leur chargement, elles s'écartent de la route et se jettent dans les abîmes. La Grande Ambassade doit progresser sous les rafales, des rochers suspendus au-dessus de sa tête, un précipice à ses pieds, et, tout au fond, le fracas d'un torrent. On a confié les enfants, blottis au fond de paniers solidement arrimés, aux animaux les plus sûrs, parce qu'ils savent mettre leur pas dans les traces de ceux qui les ont précédés.

Les guides n'y voient plus rien. Psalmodiées en dix langues différentes,
des bribes de prières s'envolent et se dispersent dans le vent.
On lâche une petite chèvre-des-hauts. À son cou est pendue une cloche,
et un cordon de couleur la relie à la ceinture du premier des guides,
qui entraîne tous ceux qui le suivent par une longue corde de vie.
Hommes, femmes, enfants, troupeaux, plus rien ne les sépare,
leur destin tout entier est attaché au cou d'un petit animal têtu.

De l'autre côté du col, c'est un nouveau pays. Loin des sommets enneigés, on trouve des rochers, la lumière du soleil. On reprend ses esprits, on compte les disparus. Un des Ambassadeurs, saisi par le grand froid, perd peu à peu la vie. Il est étendu sur un épais tapis de laine. Médecins et guérisseurs se penchent en vain à son chevet, rien ne pourra le guérir. Il écarte les remèdes, refuse dans un souffle les magies proposées. Il veut mourir en paix, le ciel sur son front.

Toute sa maisonnée, soldats, servantes et serviteurs, l'entoure pour son dernier voyage. Agenouillés, ils courbent la tête vers son lit de fortune. Pas un bruit, pas un murmure ne sort des lèvres de ceux qui se recueillent. Seul se fait entendre le claquement des bannières soulevées par le vent, et le cri de quelques aigles qui tournent très haut dans le ciel. L'Ambassadeur dicte ses dernières lettres, en respirant à peine. Il tient la main de son épouse. Il ferme les paupières. On l'enterre au pied de la montagne. Il est longtemps pleuré.

Son fils doit poursuivre sa route. C'est donc lui qui ira s'incliner devant le Roi des Trois Orients et qui, pour mieux lui rendre hommage, déposera un tribut, au nom de son propre roi. Les Ambassadeurs, en effet, apportent tous un présent pour le grand souverain.
Ces trésors, cachés au fond des coffres, sont jalousement gardés, et voyagent en secret. Mais tout le monde connaît Nuée d'Orage, le cadeau choisi par l'Ambassadeur qui vient de mourir.
C'est un coursier rapide, un étalon à la robe noire, le dernier-né d'une race flamboyante.

Pas moins de douze palefreniers se relaient à son service, et il fait l'admiration de toute la caravane. En le regardant se cabrer, le fils de l'Ambassadeur sent son cœur se gonfler de fierté. Mais il connaît aussi, désormais, le poids des responsabilités. Il fait recompter les bagages. Il faut de l'or et de l'argent pour le voyage, des habits pour les fêtes, du sel en abondance, de l'encre, des plumes et du papier, des bottes pour l'hiver, un bonnet pour l'été.
Tout est noté sur un grand registre relié de cuir, qui est aussitôt porté aux archives.

Au milieu de la caravane, et marchant d'un pas grave, une dizaine de chameaux portent les archives de la Grande Ambassade : parchemins vénérables, mémoires et journaux, chartes scellées de cire. Il est d'usage de laisser à des étrangers la possibilité de consulter cette bibliothèque ambulante.

C'est ainsi qu'on trouve parfois, au bord de la route, et même en plein désert, un vieux lettré à barbe blanche, une main sur l'épaule de son unique domestique, qui attend patiemment le passage de la caravane.

Les Ambassadeurs le reçoivent avec les plus grands égards.
Ils lui donnent un char, de l'huile pour sa lampe, et il aura tout le temps, au fond de sa nacelle bringuebalante, de consulter les archives à sa guise, d'écrire ou de rêver.
Quand plusieurs de ces personnages, par les fortunes du hasard, se rencontrent en chemin, cela donne de longues disputes, indifférentes au paysage, nourries d'éclats de voix et percées d'éclats de rire.
Il en sort un peu de savoir, et parfois quelques éclairs, couchés sur le papier.

Si une sombre querelle éclate entre des voyageurs ou, pire encore, si un crime ou un vol est commis, c'est à ces vieux lettrés que l'on demande un arbitrage. La Grande Ambassade a des lois, mais on y parle tant de langues différentes que chacun veut les tordre à sa manière. C'est pourquoi les Ambassadeurs préfèrent s'en remettre au jugement de ces sages étrangers qui ne risquent pas de prendre parti, parce qu'ils sont indifférents aux coutumes et aux usages des uns ou des autres. Or Nuée d'orage, le magnifique cheval promis au Grand Roi, a disparu. Ses palefreniers accusent le joueur de luth. Ils prétendent qu'il l'a volé, en pleine nuit, pour le vendre aux bandits du désert.

Les vieux lettrés, réunis sous une tente, les ont écoutés, les uns après les autres. Tous les témoignages accusent et accablent le pauvre musicien, et les juges sont tout prêts de le condamner, même si les preuves font défaut. Mais voilà qu'il refuse de se soumettre à leur loi. « Je n'ai pas volé Nuée d'Orage, dit-il. Je comprends votre colère, mais ce n'est pas à vous de me juger. Puisque ce cheval était destiné au Roi des Trois Orients, c'est à lui, et à lui seul, de décider de mon sort. » Les vieux lettrés s'interrogent longuement. Les Ambassadeurs haussent les épaules. Que faire du musicien ? On lui construit une cage. Il sera emprisonné.

Drôle de voyageur, d'ailleurs, que cet oiseau en cage. En attente de jugement, suspendu dans le temps. Il parcourt le monde, mais ne peut y goûter. À travers ses barreaux, il voit les nuages courir et l'herbe se coucher. Mais ce joueur de luth est une bonne nature. Il dort en plein soleil. Il sifflote à minuit. Il en agace plus d'un. N'ayant rien d'autre à faire, il observe, il écoute. Il dénoue les intrigues, devine ce qui advient.

Au grand jour, on joue l'indifférence, mais sitôt la nuit tombée, c'est à lui que l'on vient se confier, et son chariot bruisse de confidences, de sanglots étouffés. On a peur de le perdre, rien n'est trop beau pour lui. À lui le premier lait, le tabac le plus fin, le vin pieusement gardé. Chacun des Ambassadeurs, la tête sous une cape, vient en secret quémander un avis, ou un simple conseil, avant de repartir dans le noir, incertain, en mâchonnant des phrases, la barbe entortillée. C'est encombrant, un prisonnier.

La pluie tombe, une rivière est sortie de son lit. Le gué est inondé, mais les guides ont traversé et, depuis l'autre rive, ils crient à pleins poumons qu'on peut passer. Tout le cortège s'engage, on pousse les chariots, on tire les chevaux. Mais le courant se fait plus violent, il emporte la petite chèvre-des-hauts. Au milieu de la rivière, une monture, affolée, se cabre en roulant des yeux, dérape sur le fond et désarçonne son cavalier, qui, entraîné par le poids de son manteau, va bientôt se noyer.

Une main plonge dans le courant, agrippe le capuchon, l'arrache à la furie des flots. Cette main qui sort d'une cage, c'est celle du prisonnier.
Accroché aux barreaux, ballotté, suffoquant, le cavalier cherche son souffle.
Il dégrafe son manteau, le laisse partir à vau-l'eau.
Ses cheveux se déroulent : le cavalier est une cavalière.
Elle a de très beaux yeux. Le musicien en est frappé au cœur.

De l'autre côté s'étend un bois, au milieu des rochers. La Grande Ambassade s'y repose. Le soleil revenu, le linge est étendu, on sèche du mieux qu'on peut les bagages encore gonflés de pluie. Le dos calé au fond de sa cage, notre prisonnier perd peu à peu la voix, l'appétit et le sommeil. Il rumine son infortune, car trois jours ont passé sans qu'il ne revoie la belle cavalière. Il n'a pourtant pas sauvé la vie à un fantôme !
Voilà une nouvelle nuit. Les gardes sont endormis : le vin était trop fort, et ils en ont trop bu. Qui les a donc servis ? Quelqu'un gratte aux barreaux.

La porte de la cage s'ouvre. Un cheval l'attend, tout sellé, et la main qui en tient la bride est si fine, si délicate, qu'elle semble d'une fée. « Enfin ! » soupire le musicien, en revoyant la cavalière sauvée des eaux. Mais elle lui fait signe de se taire et, d'un doigt, lui montre le chemin. Notre musicien enfourche donc sa monture et pique à travers bois, quand soudain il se ravise, revient, s'incline sur sa selle, se penche vers la belle… Il lui vole un baiser, et repart au galop !
Ce musicien est un bandit, un voyou, un filou.

Il file à bride abattue, et court encore lorsque, au petit matin,
les gardes se réveillent douloureusement d'un sommeil trop profond.
Colère, consternation autour de la cage de l'oiseau envolé. Une belle pagaille.
Des cris, des jurons. On lâche sur sa piste des chiens courants, et les archers
se lancent aussitôt à sa poursuite. Les Ambassadeurs font venir les coupables.
Menaces et châtiments s'abattent comme pluie d'orage.
Et voilà qu'une arrivée discrète impose silence à toute cette agitation.
Deux cavaliers se présentent. Ils portent de grands chapeaux de paille.

Ils parlent difficilement, mais le peu qu'ils prononcent suffit à leur laisser passage jusqu'aux Ambassadeurs.

– Nous sommes envoyés par notre Grand Roi, le Roi des Trois Orients, disent les deux étrangers. Nous venons vous chercher. Il vous attend.

Les Ambassadeurs en oublient le prisonnier échappé.

– Comment, il nous attend… déjà ? si vite ? bredouillent les Ambassadeurs. Mais… mais nous ne sommes pas prêts !

– Ce n'est pas grave, répondent les émissaires, vous voyagerez léger. Votre suite vous rejoindra plus tard.

La panique s'est emparée des Ambassadeurs. Ils s'arrachent la barbe, donnent des ordres, les contredisent. « Vite, vite, mes lettres de créance, le manteau d'apparat, les présents pour le Grand Roi. Mais, quoi ? On nous aurait menti ? Deux pauvres émissaires, sans escorte ! Pas même un domestique ! Voilà un drôle de Grand Roi ! Pourquoi est-il pressé ? Tant de chemin parcouru, et il faudrait tout laisser ! Les archives, les troupeaux, la suite trop nombreuse, les gardes et les bannières ! »

C'est donc bien contrariés que les Ambassadeurs, après avoir confié les rênes de la Grande Ambassade à leurs intendants respectifs, se décident à suivre les envoyés du Grand Roi. Deux petits hommes à grand chapeau qui trottent devant eux, et toute leur puissance, leur majesté s'en est allée.
Ils passent des montagnes, des forêts de bambous, sous le regard paisible des buffles, tandis qu'au loin, marchant d'un pas plus lourd, s'étire la longue caravane qui les accompagne à distance.

Le Grand Roi siège sous un auvent dressé en plein air. La gorge nouée, les yeux embués, les Ambassadeurs s'inclinent devant lui. Tant d'espérances et de dangers s'achèvent devant cet homme. L'un après l'autre, ils déclinent leurs titres et qualités, et présentent chacun les hommages des rois qui les envoient. Leurs serviteurs, qui viennent d'arriver, déposent les cadeaux : flacons de vin rare, manteaux de soie, épées d'argent, coffres d'ébène.
– Hélas, dit l'un des Ambassadeurs, c'est mon père qui devrait s'incliner devant vous, mais le froid de la montagne l'a tué. Lui et mon roi destinaient au Grand Sire un magnifique coursier, de la plus haute race, et on nous l'a volé !

– Hélas, trois fois hélas, dit un autre, mon roi destinait au Grand Sire la plus belle de ses filles, la prunelle de ses yeux, mais elle n'est plus dans sa tente, elle a disparu.

– Hélas, trois fois hélas, se lamentent les autres, trop de temps a coulé. Le vin s'est éventé, la soie s'est élimée, l'argent s'est émoussé.

– Votre présence et votre amitié sont le plus beau des cadeaux. Mon cœur en est comblé, répond le Grand Roi. Mais vous avez fait longue route, allez vous reposer.

Le lendemain, les Ambassadeurs entrent dans la capitale. Partout des échoppes, des bateliers, des jardins, des enfants malicieux. Mais où sont les temples à la gloire du grand souverain ? Les instruments de sa puissance ?
Le Roi sourit. « Du temps de mes ancêtres, mon royaume brillait d'un bien plus grand éclat. Le sable l'a mangé, les guerres y sont passées, mais ce qu'il en reste est assez vaste pour vivre en paix. Je constate avec plaisir que les lumières de sa renommée sont encore assez vives pour parvenir jusqu'à vous, et même vous mettre en marche. Soyez-en remerciés.

Partageons ce que je peux vous offrir. J'aime le grain de l'ombre, la sagesse des arbres, les promenades nocturnes, le bruit feutré de l'écriture. Ma maison est la vôtre. Je veux, par ces belles journées sous le soleil du printemps, vous payer de vos fatigues et de vos peines. Je suis là, tout à vous, prêt à vous écouter. Vous me conterez vos aventures… »
Les Ambassadeurs franchissent un pont, la ville s'étend à leur pied, elle leur semble pleine de gaieté.

Dans la cour du palais, le Roi des Trois Orients a fait dresser un banquet. Les Ambassadeurs, attablés, sont un peu intimidés. Puis, pressés par les questions, ils se mettent à raconter. D'abord très sagement, en laissant la parole au plus âgé, mais bientôt ils s'échauffent et, au fur et à mesure du récit, ils en viennent à se couper la parole, s'étranglent d'indignation. Celui-là pioche une pâtisserie, un autre se lèche les doigts, les autres se donnent une tape dans le dos, boivent une coupe de vin, parlent de plus en plus fort, et le Grand Roi de pleurer ou de rire avec eux…

Le banquet dure des jours. On se promène au jardin entre les repas. Parfois, le Grand Roi prend un de ses nouveaux amis à part, sachant que la parole a besoin, pour toucher au plus près, de quitter les grandes allées, et que la diplomatie aime la discrétion de sentiers plus étroits.
Peu à peu, les Ambassadeurs le regardent autrement. Le Roi des Trois Orients est un grand roi, qui s'inquiète du monde et connaît leurs pays. Il met au plus haut le prix de la paix, mais il sait aussi qu'il faut parfois se battre. Il le ferait sans pitié. Ils se prennent la barbe, car c'est leur métier d'ambassadeur de prévoir les orages, même au cœur de la fête…

Vient le jour du départ. Le séjour chez le Grand Roi a tissé entre les Ambassadeurs des liens aussi solides que la longue route parcourue. Ils ont signé avec lui les traités d'amitié. Le Roi leur donne, à chacun, un livre choisi dans sa bibliothèque. Un dernier repas les réunit.

– Je suis triste, dit le roi. J'avais prévu, pour vous honorer une dernière fois, de faire venir un ami, un joueur de luth à la voix sans égale. Mais cet oiseau se pose quand ça lui chante. Voilà bientôt trois mois qu'il n'est pas venu à ma cour.

– Un joueur de luth ? Alors, c'est lui, c'est le voleur de Nuée d'Orage !

– Lui, un voleur ? Vous vous trompez, mes amis. Il ne possède que son talent, et il ne vole que les cœurs…

– Justement ! C'est un bandit ! Un voyou ! Un filou !

– Son amitié me manque, soupire le Grand Roi. Il est de grand conseil.

– Mais comment un simple musicien pourrait-il vous conseiller, vous, le Roi des Trois Orients ?

– Il n'y a pas de petite vie, conclut le Grand Roi, et j'écoute qui me plaît. Toute parole vient de plus loin que soi : chacun de nous est un ambassadeur. Adieu, mes chers amis, je vous souhaite bonne route.

Le musicien court toujours quand son oreille fine perçoit
le galop d'un cheval lancé à sa poursuite.
C'est Nuée d'Orage, comme surgi de nulle part.
Plus vif que l'hirondelle, le mystérieux étalon finit
par le rejoindre, et le vent de la course allonge les cheveux
de son cavalier. Et qui d'autre pourrait-ce bien être,
sinon la belle cavalière que les flots voulaient
engloutir, cette princesse disparue, fiancée
malgré elle, et promise au Grand Roi ?
Le joueur de luth reconnaît ses cheveux,
ses yeux, et la main si fine
qui tenait les rênes d'un cheval,
cette nuit où il effleura
ses lèvres d'un baiser. 
Et tous deux s'en vont sous le vaste ciel, loin,
bien loin de la Grande Ambassade, au grand galop,
à perdre haleine.

Achevé d'imprimer en novembre 2012
sur les presses de Jean Lamour
à Maxéville (54) - France
Dépôt légal : novembre 2012